SO GEHT

BRIEFFREUNDSCHAFT

EINE ANLEITUNG FÜR KINDER

IN DIESEM BUCH

 Was ist eine Brieffreundschaft

 Wo findet man einen Brieffreund

 Was braucht man

 Struktur eines Briefes

 Mehr als 40 Themen & Ideen

 Adressverzeichnis

Dieses Buch gehört:

Was ist ein Brieffreund?

Brieffreunde (oder Briefpartner) sind Fernfreundschaften, die du pflegst, indem ihr euch gegenseitig Briefe schreibt.

Die besten Brieffreunde sind normalerweise diejenigen, die daran interessiert sind, andere Menschen, Kulturen und Sprachen kennenzulernen.

Sie möchten sich mit der Welt außerhalb ihrer Grenzen verbinden, aber auf einer persönlicheren Ebene.

Brieffreunde sind in der Regel Fremde, deren Beziehung hauptsächlich oder sogar ausschließlich auf ihrem Briefwechsel beruht.

Hast du schon mal daran gedacht, ein Brieffreund zu werden?

Einen Brieffreund zu finden ist eine großartige Möglichkeit, mit Menschen aus anderen Teilen der Welt in Kontakt zu treten, eine Fremdsprache zu lernen und sich einer neuen Kultur zu öffnen.

Natürlich haben wir heutzutage Skype und E-Mail, Facetime und WhatsApp, die die Verbindung mit anderen auf der ganzen Welt viel einfacher machen.

Aber nichts geht über einen handgeschriebenen Brief nur für dich im Briefkasten!

Für wen sind Brieffreunde?

Brieffreunde sind für alle, die eine Sprache lernen oder mehr über eine andere Kultur erfahren möchten.

Erwachsene machen sich oft Sorgen, ob es nur etwas für junge Leute ist, ein Brieffreund zu sein oder ob es für ältere Menschen in der Gemeinschaft seltsam ist, daran teilzunehmen.

Aber das ist eines der besten Dinge daran, ein Brieffreund zu sein; Man muss keine besonderen Anforderungen erfüllen!

Wie kann ein Brieffreund dir beim Erlernen einer Sprache helfen?

Ein Brieffreund zu sein ist eine weniger beängstigende Art, mit jemandem in Kontakt zu treten, während du deine Schreibfähigkeiten in Ihrer Zielsprache übst.

Einen Brief zu erstellen, den du an jemanden schicken kannst, kann dir dabei helfen, neue Vokabeln zu lernen, das Sprechen über bestimmte Themen zu üben und deine Grammatik zu verbessern.

Die Entwicklung dieser Freundschaften kann auch Möglichkeiten schaffen, in Länder zu reisen und das Leben dort als Einheimischer zu erleben.

WO FINDE ICH EINEN BRIEFFREUND

A. Schreibe mit jemandem in der Familie, schreib an Oma/Opa, Cousinen oder Freunde der Familie

B. Schreibe an ältere Erwachsene / Senioren vor Ort

C. Schau dich in den sozialen Medien nach einem Brieffreund um oder trete einem Brieffreundschafts-club bei.

E. Frag deinen Lehrer, die ganze Klasse kann Brieffreunde finden

D. Schreibe an einen Autor / Astronauten / Sportler / Wissenschaftler / Soldaten / ...

Die 3 verschiedenen Arten von Brieffreundschaften

- Schneckenpost: Dies ist die traditionelle Art von Brieffreundschaft. Du schickst richtige Briefe an feste Adressen in verschiedenen Ländern. Wenn dir die Art und Weise, wie du dich bei einem handgeschriebenen Brief fühlst, gefällt, dann ist dieser Typ für dich.

- E-Mail: Viele Leute ziehen heutzutage E-Mails der Post vor, weil sie kostenlos, schnell und einfach sind.

- Online: Dies sind Brieffreunde, mit denen du dich über Instant Messaging oder Dienste wie WhatsApp verbindest.

SCHNECKENPOST
WAS BRAUCHST DU?

Briefmarken

schönes
Briefpapier

Stifte

Umschläge

ONLINE
WAS BRAUCHST DU?

Wo finde ich einen internationalen Brieffreund?

Wenn du einen Brieffreund in einem anderen Land finden möchtest, kannst du online an mehreren Stellen suchen. Deine Eltern/Betreuer sollten diese jedoch für dich recherchieren, bevor du dich anmeldest.

- <u>Kids for Peace</u>
  https://kidsforpeaceglobal.org/
- <u>International Pen Friends</u>
  https://www.ipfworld.com/
- <u>PenPal Schools</u>
  https://www.penpalschools.com/
- <u>Global PenFriends</u>
  https://www.globalpenfriends.com/

SICHER IM INTERNET

Wenn du eine Brieffreundschaft mit einer unbekannten Person beginnst, befolge diese Tipps:

- verwende nur deinen Vornamen.
- Personenbezogene Daten, wie deiner Heimatstadt oder Schule, sollten nicht an Dritte weitergegeben werden.
- Stimme niemals zu, deinen Brieffreund persönlich zu treffen, es sei denn, ein Elternteil oder Lehrer ist anwesend.
- Obszöne Nachrichten sollten sofort an einen verantwortlichen Erwachsenen weitergeleitet werden.
- Sende keine Fotos, es sei denn, die Zustimmung der Eltern liegt vor.
- Teile keine Computer- oder Internet-Passwörter mit einem Online-Brieffreund.
- Wenn du dich bei der Website oder der Organisation, die Brieffreunde für Kinder anbietet, nicht sicher bist oder dich unwohl fühlst, wende dich an deine Eltern oder Lehrer.

Was soll man in einen Brieffreundschaftsbrief schreiben?

Sobald du einen Brieffreund gefunden hast, ist es an der Zeit, den ersten Brief zu schreiben.

Dies kann eine beängstigende Aufgabe sein, weil man sich gut ausdrücken möchte und einen guten ersten Eindruck hinterlassen will.

Aber stress dich hier nicht zu sehr; Es soll ein unterhaltsamer Prozess sein, bei dem jeder aus seinen Fehlern lernen kann!

5 DINGE ‚WAS EIN BRIEFFREUNDSCHAFTSBRIEF SAGEN SOLLTE?

Schreibe darüber, wie dein Tag oder deine Woche normalerweise aussieht. Es wird deinem Brieffreund helfen, sich mit dir zu identifizieren und dich besser zu verstehen.

Vermeide es, Weltnachrichten oder allgemeine Themen zu erwähnen. Alles, was besprochen wird, sollte sich auf dich beziehen, was dich betrifft oder wie du dich fühlst. Dies wird euch helfen, mehr übereinander zu erfahren.

Stelle sicher, dass du deinem Brieffreund Fragen stellst, wie du es auch in einem persönlichen Gespräch tun würdest.

Sei wer du wirklich sind

Entscheidet zu Beginn gemeinsam, wie oft Briefe ausgetauscht werden. Dies stellt sicher, dass beide Brieffreunde auf derselben Seite sind und sich nicht ignoriert oder vernachlässigt fühlen.

Sobald du in einen Schreibfluss kommst, ist es schwer, die Bremse zu ziehen, aber versuche dein Bestes, nicht zu viel (oder zu wenig) zu schreiben.

Eine einfache Struktur für deinen ersten Brief

- **Einleitung:** Sage ein wenig darüber, wer du bist, woher du kommst und warum du einen Brieffreund suchst
- **Spreche über deine gemeinsamen Interessen:** Erwähne, was dich dazu gebracht hat, einem Brieffreund zu schreiben.
- **Stelle einige Fragen zu derem Leben:** Welche Informationen möchtest du über ihn/sie erfahren?

23. Januar 2021

Lieber Freund
Wie geht es Dir? Mein Name
ist Juan und ich komme aus
Rio De Janeiro in Brasilien.
Ich bin 11 Jahre alt. Wie alt
bist du?
Ich habe einen Hund namens
Pedro, Hast du Haustiere?
Es ist sonnig und heiß, wo
ich wohne, wie ist das Wetter
in Kanada, wo du lebst?
Bis bald,
Juan

Aufbau eines Briefes

Anfang & Ende

LIEBE/R	XOXO
HALLO	VIELE GRÜßE
HEY	TSCHÜSS
GUTEN TAG	DEIN FREUND
HI	MACHS GUT

ZUM SCHREIBEN

Orte, die du besucht hast oder besuchen möchtest

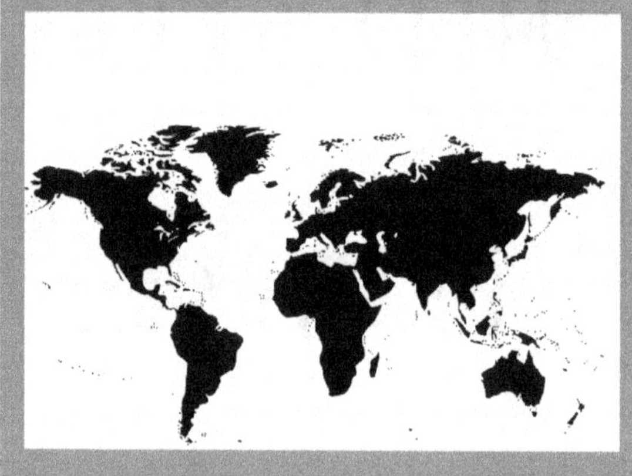

Lieblingshobbys und Interessen

Etwas Interessantes, über das du lernst

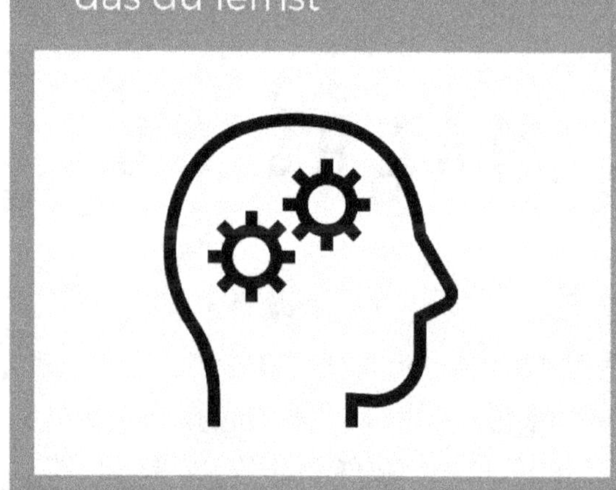

Deine Familienmitglieder

THEMEN

ZUM SCHREIBEN

Lieblingssportmannschaft oder -verein

Deine Haustiere

Deine Stadt und was du dort gerne machst

Ob du ein Idol hast oder jemanden für einen Helden hältst

THEMEN

ZUM SCHREIBEN

Lieblings-Familienritual oder -tradition

Ob du eine Religion ausübst

Ob du eine Sammlung von irgendeiner Art hast

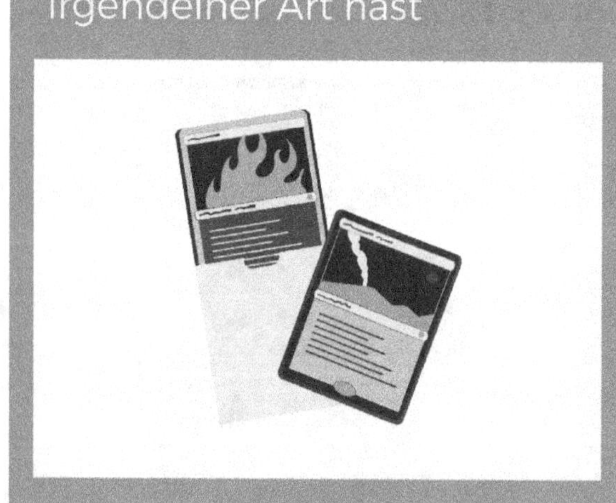

Lieblingsessen

THEMEN

Dein Zimmer oder Lieblingsort deines Hauses

Deine aktuelle Kunst oder Handwerk

Lieblings-Outdoor- und Indoor-Aktivitäten

Eine berühmte Person, die du gerne treffen würdest

THEMEN

ZUM SCHREIBEN

Lieblings-Brett- oder Kartenspiel

Lieblings-podcasts

Lieblingsjahreszeit

Lieblingsfarbe und welches Gefühl sie dir gibt

THEMEN

ZUM SCHREIBEN

Lieblingsurlaubsort

Ein besonderes Talent von dir

Etwas, worüber du dir Sorgen machst

Dein größter Traum

ZUM SCHREIBEN

Jemand, in den du verknallt bist

Bücher, die du liebst oder gerade liesst

Deinen Spitznamen oder welchen Namen du verwenden möchtest

Eine bevorstehende Veranstaltung

THEMEN

ZUM SCHREIBEN

Lieblingstier

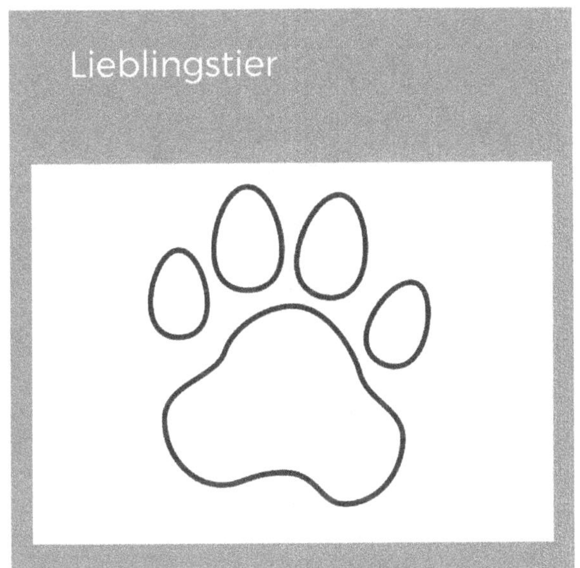

Deine Morgenroutine
und/oder Abendroutine

Lieblings-YouTube-Kanal

Eine Sportart, die du treibst
und wie oft du sie ausübst

THEMEN

ZUM SCHREIBEN

Drei Dinge, für die du gerade dankbar bist

Ein Thema in den Nachrichten, das du verfolgst und warum

Eine Person, die du nicht magst/mit der du Probleme hast und warum

Lieblingsfilmfigur

ZUM SCHREIBEN

Welche Sprachen sprichst du und warum

Deine Freiwilligenerfahrung

Deine Freunde oder Klassenkameraden

Ein Schulprojekt, an dem du arbeitest

THEMEN

ZUM SCHREIBEN

Dein Ziel und was du tust, um es zu erreichen

Dein Traum von letzter Nacht

Etwas Nettes, das du kürzlich für jemanden getan hast

Etwas, worauf du stolz bist

THEMEN

ZUM SCHREIBEN

Welche Eissorte du am liebsten magst

Dinge, die du gerne lernen möchtest

Deine letzte Reise/Ausflug irgendwohin

Ob du Taschengeld verdienst und wie

THEMEN

ZUM SCHREIBEN

Deine neueste Erfindung/Idee 	Wovor du Angst hast 
Was dich traurig macht 	Musik oder Sänger, die du magst 

THEMEN

ZUM SCHREIBEN

Ein kürzlich erhaltenes Geschenk und warum es dir gefällt

Ob du einen Unfall oder eine Krankheit hattest, die du überwunden hast

Was das Thema deiner nächsten Geburtstagsfeier sein wird

Lustige oder interessante Informationen seit deinem letzten Brief

THEMEN

ZUM SCHREIBEN

Wofür du dein Taschengeld sparst

Das Musikinstrument, das du lernst und wie oft du übst

Eine tolle Sache, die dir kürzlich passiert ist

Ob du gesundheitliche Probleme (wie Allergien) hast

Weiter so!

Um das Gespräch am Laufen zu halten und sicherzustellen, dass dein Brieffreund zurückschreibt, ist es wichtig, neugierig zu sein. Stelle Fragen zu ihrem Leben, interessiere dich für sie und sprich über die Dinge, die euch beiden wichtig sind.

Und wenn du über dich selbst schreibst, klingt es interessanter, wenn du ein oder zwei Ereignisse detailliert beschreibst, anstatt mehrere Ereignisse zu überspringen. Wenn du beispielsweise über eine Party sprichst, sage nicht nur: „Das Essen war gut und alle hatten eine schöne Zeit". Erwähne etwas Lustiges oder Aufregendes, das passiert ist, oder beschreibe das Essen oder das Ambiente etwas ausführlicher.

Der National Pen Pal Day ist eine Möglichkeit, deinen Brieffreunden mitzuteilen, wie viel sie dir bedeuten. Der Tag ist die perfekte Zeit, um deinen Brieffreunden besondere Briefe und Geschenke zu schicken.

Die Idee von Brieffreunden gibt es schon seit Urzeiten!

Hast du schon einmal mit Feder und Tinte geschrieben oder eine Schreibmaschine benutzt?

INK

Hallo, Überraschung

Dekoriere den Brief und füge ein paar Überraschungen hinzu
Dies ist nicht entscheidend, aber wenn du ein Kreativer bist, möchtest du deinen Brief vielleicht mit Zeichnungen, Stempeln oder Aufklebern dekorieren. Das Hinzufügen einiger Fotos könnte eine nette Geste sein, zusammen mit allem anderen, von dem du glaubst, dass es dem Brieffreund Freude bringt.

Mr Postman, Look and See...

Wenn du deinen Brief abgeschickt hast, musst du nur noch auf eine Antwort warten!

Dies kann einige Tage oder Wochen dauern, je nachdem, wohin du deinen Brief geschickt hast. Sei also nicht zu verärgert, wenn du nicht sofort eine Antwort erhältst.

Vergesse nicht, heute in deinem Briefkasten nachzusehen!

Adressverzeichnis

Name:
Adresse:
Telefonnummer:
Email Adresse:

Name:
Adresse:
Telefonnummer:
Email Adresse:

Name:
Adresse:
Telefonnummer:
Email Adresse:

Name:
Adresse:
Telefonnummer:
Email Adresse:

Name:
Adresse:
Telefonnummer:
Email Adresse:

Name:
Adresse:
Telefonnummer:
Email Adresse:

Adressverzeichnis

Name:
Adresse:
Telefonnummer:
Email Adresse:

Name:
Adresse:
Telefonnummer:
Email Adresse:

Name:
Adresse:
Telefonnummer:
Email Adresse:

Name:
Adresse:
Telefonnummer:
Email Adresse:

Name:
Adresse:
Telefonnummer:
Email Adresse:

Name:
Adresse:
Telefonnummer:
Email Adresse:

ISBN: 979-8-4531-35035